배내골 편지

문모근 제6시집

문학공원 기획시선 25

배내골 편지

문모근 제6시집

문학공원

자서

흔적

뜻하지 않았던, 예상하지 않았던
무게를 감당하면서
견디기 힘들었던 그 순간을
고스란히 보여주고 있다

움푹 들어간 모양을
보존하는 곳에서
얼마만큼의 중력과
어느 정도의 온도와
어느 만큼의 형체로
드러나는 실체를 본다

탱탱하던 어제와
찌그러진 오늘의 모습을
살면서 받아들여야 할
숙명을 본다

상수리나무가 아파하고 있다

　　　　　2024년 늦가을
　　　　　　　　　　문 모 근

차례

자서　　　　　　　　　　　5

1부
배내골 편지

배내골 편지 · 1	12
배내골 편지 · 2	14
배내골 편지 · 3	15
배내골 편지 · 4	16
배내골 편지 · 5	17
배내골 편지 · 6	18
배내골 편지 · 7	19
배내골 편지 · 8	20
배내골 편지 · 9	22
배내골 편지 · 10	23
배내골 편지 · 11	24
배내골 편지 · 12	26
배내골 편지 · 13	28
배내골 편지 · 14	30
배내골 편지 · 15	31
배내골 편지 · 16	32
배내골 편지 · 17	33
배내골 편지 · 18	34
배내골 편지 · 19	35
배내골 편지 · 20	36

2부
당신이 있는 길을 걷고 싶다

젖어 사랑하는 것들	38
노트를 사는 여자	39
눈물이 필요할 때입니다	40
잘 드셔야 합니다	41
김밥에 담은 사랑	42
당신이 있는 길을 걷고 싶다	43
상추 이파리를 보며	44
별, 생명 포자	46
그대, 잘 흐르시길	47
해리(海里)	48
하고 싶은 말이 많으면	50
안갯길	51
여행	52
빗소리, 듣다	53

차례

3부
당신은 꽃입니다

송전탑이 있는 동네	56
입원병실에서	58
섬의 바깥	60
삼귀리에서	61
어느 날 새벽에	62
감곡 이야기	64
보고 싶어 미치고 있네	65
어머니 생각	66
삼만천오백삼십 원	68
천곡길 199	69
밤길애(愛) 들다	70
낮달의 하루	71
바람이 가는 길	72
당신은 꽃입니다	73

4부
바다도 슬피운다

가로등	76
그냥 사랑하자	77
상수리나무의 꿈	78
바다도 슬피운다	79
반구대 아리랑	80
봄에게	81
오카리나 연주를 들으며	82
오늘은 그런 날	84
이것은 시가 아닙니다	85
저 사람 눈물이 되어 가고 있다	86
하루살이	88
지금	90
햇볕 옆에서	91
겨울 파전	92

차례

5부
새의 발걸음에서 배우다

호계장 개소리	94
호계장 · 17	95
호계장 대목날	96
말 있는 집	98
향기	99
줄긋기	100
슬픔의 날을 위하여	102
버린다는 것	104
불매야	105
새의 발걸음에서 배우다	106
이분법	107
오전 열 시	108
돋보기 속 세상은 새롭다	109
아들아	110

작품해설 / 김순진(문학평론가)   114
사물의 쓸모없음을 쓸모있음으로
재해석한 무용론(無用論)적 시학

1부

배내골 편지

배내골 편지 · 1

- 유혹

매미 소리 잠드는 삼경에
배내골 바위들이 머리를 맞대고
의견을 나눕니다
행여 불손하거나 행패를 부리지는
않았는지 먼저 반성부터 합니다

그리고 고객에게 성심을 다해 서비스한
바위에게 칭찬을 합니다
사람이 자신을 들어 올려
다른 곳으로 이동시켜도 그저 대꾸하지 말고
묵묵히 따르자는 결의를 합니다
그래도 그 자리에 있을 것이므로
그냥 모두 용서하자고 합니다

그리고 가끔 눈을 감아야 한다고 말합니다
사람이 나체로 다가와 은밀하게 유혹할 때
온몸에 향기로운 물질을 묻히고 다가올 때
부드러운 엉덩이로 애무해 올 때도
이를 악물고 참아야 한다고 말합니다

바위들이 회의를 마칠 때쯤
작은 빗방울이 잠깐 다녀갔습니다

배내골 편지 · 2
- 휴식

배내골에서 사람들은 별이 됩니다
소리 없이 밤이 오면
온갖 사물들은 잠들고
짐승처럼 왔다 가는 어둠에
물소리만 놀라 와글와글합니다

도회지의 하늘은 어둡고
소나기가 내려도
배내골의 밤은 별이 총총합니다
하여 한나절의 수고가 가져온
행복한 고단함이 있어
몸을 누이는 마음은 한결 가볍습니다

모처럼 가벼운 몸과 마음이
과음으로, 숙취로 이어지곤 하지만
그래도 끝마무리는 항상 행복합니다
배내골 맑은 계곡입니다

배내골 편지 · 3
- 호두나무골

새벽안개가 바람처럼 빠지면
눈썹 같은 달이 파랗습니다

호두열매 주렁주렁한 배내골에서
아침을 준비하는 사람들은 분주합니다

햇살 받아 화려한 이파리들도
골짜기 맑은 물소리에 환한 웃음을 보내고
매미 소리도 이미 충분합니다
새벽부터 까마귀는 울었고
밤새 잠자던 나무도
숨 고르며 시간을 재던 바람도
이제 기지개를 켜며 주변에 있습니다

오늘 전국이 폭염이라는 예보에
배내골이 긴장합니다

배내골 편지 · 4
- 자살, 그리고

민박집 방에서 술을 마시고 모기향 한 통을
모두 피워 자살을 시도한 청년은
가족에게 쫓기고 호적에서 지워졌습니다

달나라도 갔다 오고,
화성까지 엿보는 시대에
홍길동전 주인공 같은 사람이
배내골을 찾았습니다

새어 나오는 연기에 놀란 주모가 떨어진
사연을 주섬주섬 담으며 마음을 나눕니다

인생에 괴로움 없는 사람 누굽니까
가엾은 것은 슬픔을 간직해도 호소할 곳 없는 것
누가 그 마음속 괴로움과 고독을 알까요

서류상의 형제는 잃었지만 마음을 나눌 수 있는
형제를 얻은 서른 살 청년은 다시 아침에
두 발을 세상으로 딛습니다

비가 오던 날 밤에 생겨난 일입니다

배내골 편지 · 5

아내가 죽고 돌 지난 아들이 성인이 되도록
아들만 보고 살았다는 아버지
재혼을 권유하는 이웃의 종용에도
하나뿐인 아들이 성장하여 혼인하고
자리를 잡으면 그때 재혼을 생각하겠노라는
사람. 배내골 바위틈에서 화들짝 숨는 버들치를
물끄러미 바라보며 무표정한,

그런 사람이 있습니다
인내하면서 참으면서 삭이면서
수십 년을 물처럼 바람처럼
그렇게 살고 있습니다
동동주 술에 더러 취하면 삼십 년 전 먼저 간
아내 얼굴이 달처럼 떠올라 다리난간에 서서
소리 없는 눈물 흘립니다
그럴 때면 노래방 빠른 노래가 위로해주지만
배내골은 그래도 흐르고 있습니다

배내골 편지 · 6
- 생태공원

사람마다 보는 눈이 같으면서 달라
하늘에 구름이 있어도
나뭇잎이 흔들려도
나비가 날아가도
관심을 보이지 않다가
물속에서 살랑대는 버들치
움직임에 환호하는 사람들이 있습니다

그런데 여러분
하늘도 좀 보시지요 하얀
뭉게구름이 정말 예쁘게 생겼습니다
나뭇잎도 한 번 보세요
얼마나 반짝이는지를,
나비도 보세요
우화등선하기까지 얼마나
오랜 시간을 기다렸을지 생각해 주세요
배내골은 생태공원입니다

배내골 편지 · 7
- 직선과 곡선

모처럼 휴가 온 골짜기에 두 사람이 있습니다
직선으로 나누는 대화마다
비난이 쏟아져 나오고 비수를 담고 있습니다
곡선으로 휘어가는 계류가 눈을 흘깁니다

모난 바위는 물살에 둥글어지고
더불어 물소리도 둥급니다

배내골을 위아래로
소나기가 세 번 내렸습니다

소나기를 통해 소통과 나눔을 만나는
편안한 질서,
구부러지기 좋아하는 사람들이
배내골에 있습니다

배내골 편지 · 8

- 고스톱

김 씨, 이 씨, 황 씨는 셋만 모이면
화투를 쳤습니다
점 백이라고 정해 놓고 청단 홍단을 나누고
고도리가 있고 피박과 광박도 정했습니다
똥 쌍피와 비 쌍피는 기본이고
초 열을 쌍피로 하느냐,
국화 열을 쌍피로 하느냐를 놓고
소란했습니다
한참 화투를 치다가 보니 황 씨가 독주합니다
얼마 되지는 않지만 시골에서
일·이만 원은 큰돈이라서 딴 사람은 양양하지만
잃은 사람은 심기가 매우 불편합니다 김 씨는
계속 돈을 잃는 것이 뭔가 야료가 있고
속임수가 있는 것 같아 괜히 눈이 커지고
핏대가 서면서 얼굴이 벌개집니다
평정심을 가져야 하는데 아뿔싸, 황 씨가 또
광으로 나고 피로도 났습니다 절단났습니다 따따블
오늘 일진이 안 좋다며 옆 사람에게 시비를 겁니다
당신이 패를 잘 내야지 그걸 내면 어떻게 해
무조건 김 씨 잘못은 없습니다

피 같은 돈이 또 나갑니다
본전이 자꾸 생각납니다 이번엔 어디 하면서
따라붙습니다 못 먹어도 고라면서
그런데 왜 그렇게 신경질이 나는지 김 씨는 그날
오지게 꼴았습니다
배내골이 그렇게 깊습니다

배내골 편지 · 9
- 별

사람들의 머리에
이슬방울이
매달려 있습니다
밤하늘의 별처럼 맑고 영롱한

하늘의 별이 빛나면
땅 위의 사람도 빛이 됩니다

배내골 편지 · 10

신불산 넘어가기 힘들어 구름이
눈물을 흘립니다
그럴 때면 무더위를 느낀 하늘도
맑은 배내골에 내려와 찰랑대며 물장구를 칩니다

여기 잠자리는
발가락에도 앉고 머리에도 앉고
어깨에도 앉습니다
사람 무서운 걸 모르는 거지요

낮 동안 이파리를 내리고 숙제 안한
학생처럼 꾸중 듣던 나무들도 숨고르기를 합니다

파란 하늘과 녹색 산 능선이
악수하는 오후 여섯 시

배내골에 또 다른 세계가 다가옵니다
뭐라 말할 수 없는
저녁 시간의 편안함입니다

배내골 편지 · 11
- 태봉마을 회의실

의자 몇 안 되는 회의실은
작은 컨테이너입니다
여름이 오기 전 컨테이너에 모인
사람들은 피서철 성수기에 너나없이 바쁜데
골짜기 청소며 손님은 어떻게 받을지
고민했습니다
피서객은 며칠 찾아오는 거지만
태봉마을 사람들은 모실 분들이
수천 명이 될지 수만 명이 될지 모를 일입니다

밤하늘의 별처럼, 풀잎에 맺힌 이슬처럼
그렇게 많은 사람들이 배내골을 찾습니다

일 년 사시사철 물이 마르지 않아서
단골손님들이 많이 찾지만 올해는 아무래도
더 늘어날 것만 같습니다

겨울에는 눈이 많이 내려 설경도 뛰어난데
여름에만 사람이 찾는 게
참 신기할 따름입니다

회의를 마치고 동동주를 나눕니다
상류에 누가 아프다지?
빨리 나아야지
오는 손님은 많아도 이웃이 아프면
먼저 가슴이 쓰립니다
여기 사람들은 그렇게 삽니다

배내골 편지 · 12
- 이슬

이슬로 변한 아침이 다시 수밀도
연기처럼 올라갑니다 너울
천상의 춤사위가 그럴까요
흔들리듯 흔들리지 않는 듯 무엇엔가 홀려
파란 아침 하얌으로 만나
뽀얀 곡선, 그것을 만들었습니다

만남의 시간은 짧은데
다시 돌아올 길 멀고 아쉬움의 끝
차마 미련으로 남을까

돌아가 다시 올 거기는 아직 모르고
유성이 되어 어느 곳을 흐를지
바다가 될지 산이 될지
흐르는 것은 내 뜻이 아님이니
그대 행복하세요

다시 볼 수는 없어도
다시 내려올 수는 없어도
여기 아침은 황홀했나니

신불산 배내골 작은 잎에서
만나고 함께 호흡한 그대여

어느 세상,
어느 별에서 다시 만날까요

배내골 편지 · 13
- 전라도집

오늘은 전라도집에 경사가 났습니다

우연히 지나가던 신문사 기자 일행이
막걸리를 찾는데 원래 인심이 후덕한
여주인의 선심과 더불어 낯선 손님까지
기분이 좋아 모르는 사람인데도
막걸리를 따르고 인사를 나눕니다
따지고 보면 모두가 재 너머 사는 도회지 이웃사촌인데
어떠냐고, 여주인의 너스레와 고소하게 익는
곱창 냄새가 골짜기에 퍼졌습니다
가만 보니 신문사에서는 피서지특집을 준비하기 위해,
나그네는 인정이 좋아서 자주 들른다는 사람들이고
부부였습니다
이래저래 좋은 사람들이라서 악수 나누고
이름도 나누어 갈무리하면서
한 저녁 흐뭇하게 지냅니다
시간이 하도 지나서 아쉬움을 자리에 놓고
일어나는 게 조만간 다시 볼 얼굴입니다
시골의 주막은 원래 그렇습니다
모르는 사람도 순식간에 아주 가까운 친구가 됩니다

시골에 한 번 살아보시지요

배내골 편지 · 14

첩첩 늘어선 산 능선을 보며
상념에 잠깁니다

드러누운 소나무는 잎이 푸르고
이제 팔월인데 호두나무에서는
잎이 지고 있습니다

조금이라도 머뭇거리면
뒤차의 경적 소리가 요란하고
주춤거리는 과속방지턱이
서운할 뿐입니다

한여름 무더위는
잘 지내는지요

인생의 한 번인 젊은 시절은 어떠했습니까

그림자가 자꾸만 길어지는 지금
흐르는 물은 그저 물일뿐입니다

그대, 오늘 아침은 맑았습니까

배내골 편지 · 15
- 숲

하루살이가 잠깐 보고 갔다
노랑나비도 보고 갔다
참새가 보고 갔다
꿀벌이 보고 갔다
호랑나비도 보고 갔다
자벌레가 아주 느린 걸음으로 보고 갔다
참새보다 조금 큰 새가 보고 갔다
말벌이 보고 갔다
달팽이도 보고 갔다
거미가 기웃대다가 그냥 갔다
파란 나뭇잎들이 보고 있다
쇠파리가 보고 갔다
햇살도 슬쩍 곁눈질로 보고 갔다
숲이 이상하다고 난리다
자기하고 닮지 않았다고
하나도 안 닮았다고
웃긴다고 아우성이다
못생겼다고
엄청 못났다고 즐거워한다

배내골 편지 · 16

산안개가 구름처럼 내리면 그날은
허전합니다
외로운 마음이야 갈무리하면
된다지만 눈 앞에 펼쳐지는 것들은
아직 익숙하지 않아서 언제쯤 비가 되어
내릴지 모를 일입니다

산마루에서 머뭇대던 구름이
정상을 넘었나 봅니다
달이 뜨면서 비가 옵니다
산중의 자연현상은 기묘하기가
이를 데 없어서 환한 달빛이
화살처럼 능선을 비추고 있는데
번갯불은 조용히
번쩍거리고 천둥도 없이
비가 내립니다

이럴 땐 그저 가만히
처마에 떨어지는
빗소리를 듣거나 우산을 쓰고
나설 일입니다

배내골 편지 · 17
- 자벌레

개울물 소리 요란한 배내골에서
자벌레 한 마리 몹시 바쁩니다
몸을 움츠려 오메가 형상을 만든 뒤
쭉 펴면, 자벌레의 키 그것이 되는데
접었다 폈다를 몇 번
연속으로 하다가 허리인지 머리인지
힘을 주어 곧게 서서 흔들흔들
주변을 살피고 장애물이 있는지
돌아보기도 하면서 길을 정합니다
대부분 직진을 결정하는데
때론 조금씩 갈 길을
바꾸기도 합니다
그게 힘들고 어렵다고 생각되면
나무에 올라 나뭇잎 끝까지 가서
몸에서 뽑은 가느다란 줄에
몸을 맡기고 공중그네를 탑니다
조금만 바람이 불면 나무에서 나무로
옮겨 타기가 쉽습니다
그러다가 날아가는 새들에게
먹이가 되어주는 알파가 됩니다

배내골 편지 · 18

빽빽하게 들어선 나무를 봅니다
저마다 수많은 가지를 뻗어내고 있는데
나뭇가지들은 서로 간섭하지 않고
적당한 거리를 두고 서로 맞닿지 않을 정도의
그만한 거리에 서 있습니다

그대, 나뭇가지를 보세요
어느 가지가 서로 닿아 있는지,
어느 잎이 닿아서 다투고 있는지

나무는 그렇게 양보하고
자리를 확보하면서
저마다의 공간 속에 그 생을
장식하고 있습니다
보이나요

배내골 편지 · 19

배내골에 여름이 가고 있습니다
달 크기가 세 번 바뀌고
태풍도 다녀갔지만 가장 많이
다녀간 것은 매미 소리와 바람이었습니다

좀 평평한 바위마다 앉았던 사람들의
체온이 아직 골짜기에 남아서 새벽마다
안개로 피어나고 있습니다

상류에서 떠밀린 안개는 다시 아래로
내려가면서 틈틈이 놓여 있는 평상이며
텐트가 쳐졌던 자리에 앉기도 합니다

가다 보면 이천분교 작은 운동장
포플러 그늘에서 숨도 돌리고
아이들의 맑은 웃음소리를
기억하기도 합니다 이제
어떻게 다가올까요
배내골의 가을은

배내골 편지 · 20

배내골에 별이 떨어지면
가슴으로 받아 내는
사람이 있습니다

깊이 감춰둔 물 같은 사연
달이 뜨면 다시 서러워
설핏 부는 바람에도 눈물 젖고
속내 드러난 손짓을
차마 거두지 못합니다

흐르는 대로 따르면 잊을 수 있을까요

모처럼 환한 미소에
곧추선 풀잎이 파르르 떨고
구성진 사람들의 노랫말 속
그리움은 멈추지 않습니다

2부

당신이 있는 길을 걷고 싶다

젖어 사랑하는 것들

산 능선에 안개가 깊다
벙거지 모자 눌러쓴 여승
늘어진 배낭과 함께
산길을 간다
물기 풍성한 숲을 밟으며
바짓가랑이 물고 늘어지는
억척스런 풀에게 손 인사 나누고
나뭇잎 입김으로 젖는
촉촉한 아침 안개가 차지한 만디에
새들도 젖은 몸으로 떨고
상수리나무도 젖는다
하늘소 한 마리 나뭇등걸 껴안고 있다
젖어 사랑하고 있다

노트를 사는 여자

호수 같은 커피에
햇볕이 내려오고 있다

쌉싸름하고 시큼한 맛쯤은
바람에서 즐기고
빗줄기 소리 담는
노트에
어쩌다 달빛 하나 흐르면
자작나무 곁을
흘러가는
실개천처럼
노란 은행잎 하나
담는
여자

눈물이 필요할 때입니다

후배가 술을 마시다가
그 사람과 무슨 관계냐고 물을 때입니다
형님하고 그 사람과 관계는 뭐냐고 물을 때입니다
횡설수설 어중어중 깡술을 넘길 때였습니다
왜 저 사람을 좋아하냐고 물을 때입니다
그게 언제부터였냐고 물을 때입니다
그런데
그 사람과 관계는 어떤 거냐고 물을 때입니다

늦은 저녁의 길은 왜 어둡냐고 물을 때입니다
인생이 뭐냐고 물을 때입니다
어떻게 사는 게 좋은 거냐고 물을 때입니다
시가 뭐냐고 물을 때입니다

머리만 벅벅 긁었습니다

잘 드셔야 합니다

사람 온기 부스스한
그런 집에
삼 시 세 끼 산촌 편을 보는 눈
젖어 있다

몸에 단백질이 부족합니다
잘 드셔야 합니다, 는 의사
지방도 좀 부족한데 고기가 좋습니다

만 원어치 오리 불고기 사서
세 등분으로 나누어
한 끼를 굽는다
프라이팬에서 한 삶의 소리
난다
따끔한 소라 손등에서도 나고
씁쓸하고 까끌한 의사 소리도 난다

티브이 소리 뻣뻣하게 걷는,
무료함이 가볍지 않다

김밥에 담은 사랑

호계장 남향분식집에서
회색 모자 쓴 할아버지
김밥 네 줄 든 검은 비닐 봉다리 들고
허둥허둥 계면쩍은 발걸음으로
유리문 열고 나선다
휘적휘적 시장통 걷는 발걸음
좌우로 툭툭 치면서
굽은 허리와 솟아오른 어깨 보이며
앞을 보며 걷는다

- 만다꼬 거인노 먼저 가지
- 잘 오나 보고 있재 이리 주소
- 개안타 가자
- 저 집 칼국수도 개안타 담에 오자
- 그라든 동

눅진한 더위 식히는 바람이 분다

당신이 있는 길을 걷고 싶다

자동차가 다니지 않는 길을 가고 싶다
흙모래가 잘 다듬어진 길을 가고 싶다
경계가 없는 길을 가고 싶다
만지고 싶고 쓰다듬고 싶고
안아주고 싶은 길을 가고 싶다
쓸쓸하지 않게 허무하지 않게
미소 짓는 길을 가고 싶다
아침 햇살이 예쁘고 이슬이 반짝 웃으며
저녁노을이 아름다운 길을 가고 싶다
가랑비 솔솔 내리는 호젓한 길을 가고 싶다
산안개 구름이 멋진 길을 가고 싶다

당신이 있는 길을 가고 싶다

상추 이파리를 보며

상추 모종을 손에 들고 본다
아무래도 이파리가 너무 얇다
연두보다 연한 연연한 색 피부를 가졌다
하얀 뿌리 흙에 앉혀
손가락으로

포슬포슬 친다

봄바람 거칠면 꺾일까 저어한다
조금이라도 힘내라며 물을 뿌려준다
행여 물줄기에 넘어갈까 염려가 깊다
얕은 바람에도 요란하게 흔들리는 저 잎
크게 자라는 것보다
우선
꿋꿋이 서길 빈다

흐흐흥~ 요거요거 하는 눈

사각 스티로폼 상자 속 상추를 보며
속살이 궁금하다느니

쌈장 하나 준비한다며 미리 서두르는

입의 맛은 자꾸 즐거워한다

별, 생명 포자

달 표면을 보다가
행성의 분화(分化)를 본다
지구와 같다

초미세박테리아
그 속에 있다
꿈틀거리며
운석의 충돌로 깨어나는
생명 포자
나무, 물, 풀, 바위, 상어, 고등어
동물,

바이러스다

그대, 잘 흐르시길

성남동 시계탑사거리에서
왼발 오른발을 나누며
돌아서는 길은 쓸쓸했지
가로수다방 길 내려와
무지개다방이나
주리원백화점을 기억하고
궁전식당이나 차마실의 짙은
녹차 향을 떠올리는 사람은
두 손 꾹 넣은 주머니 속
건널목 땀나는 손바닥과
젊은 발걸음을 기억하지
옛 생각 노래를 부르던 그곳에서
조용히 고개 숙이고 지나치는
젊음의 모습은 같아서
깃발을 세우고
걸음걸이 흔들려도
잊지 못하는 시계탑 성남동
시간 따라 잊혀가는 모습들
그래도 내미는 악수는 따뜻했지

해리(海里)

직선의 나눔길에서 우리는
서로에게 흔들리는 겁니다

멀디먼, 보이지 않는 곳에서
움직이고 지키면서 바라보면서
보이지 않는 찬란을 보다가
서로에게 녹아드는 겁니다

수평선 끝을 잡고 춤추듯
노래하며 가 닿는 꿈의 거리

좀 길면 어떤가요
좀 힘들면 어떤가요

정해져 있는 것이 아니라
눈에 비쳐지는 거기까지
그것으로 미소 지으며 포말 한가득
끌어안을 겁니다

넘칠 때마다 굴절될 때마다
밀어닥치는 물방울 들여다볼 겁니다

하고 싶은 말이 많으면

소나무 끝이 흔들렸다
하고 싶은 말이 많으면
그만큼 가슴이 아픈 거란다

조용히
입 다물고 있어도
마음이 아픈 거란다

세상의 반은 바람인데
외로움이 깊어도
얕은 바람만 불어도
눈물이 난단다

안갯길

안개 짙은 길 오십니다
낯선 비는 내리고
젖어 흘러내리는 추억은
목감기를 앓습니다
얕은 바람 함께 걷는 길에
촉 낮은 전등 내걸고
행여 발걸음 닿으실까
비 오는 고샅길 서성입니다
처마 울리는 물방울에
안타까움 하나 던지고
구부러지고 거친 길
낯선 돌부리 생각하면서
작은 발소리 하나
올려놓습니다

여행

어느 낯선 마을
길에서 떨어진 곳에
차를 세우고
닭 울음소리 오리 울음소리
새소리와
강아지 짖는 소리 들으며
따스한 햇볕 가슴에 담고
낮잠 즐기고 싶다 나른할 때
그러고 싶은,

물풀과 모래가 보이는
맑고 깨끗한 시냇물 보면서
낙엽 깔린 단아한 길을
느린 걸음으로 걷고 싶은,

나뭇가지 분홍빛 갈무리하는
이월 하순
그리워 손 흔드는
물푸레나무 되고 싶은

빗소리, 듣다

벌레 먹은 배춧잎 위로
무던하게 내리는
빗소리를 듣는다
사방은 적막한데
물방울에서 나는
큰 소리와 작은 소리
미세한 소리를 들으며
사는 것의 크고 작음과
미미한 것들을 생각한다
큰 것의 어지러움과
작은 것의 가벼움
그 밋밋함을 듣는다

3부

당신은 꽃입니다

송전탑이 있는 동네

해가 지면 붉은 노을보다 더 붉은
송전탑을 본다

침엽수와 활엽수로 둘러싸인
탑의 근처에서 창을 통해 바라보는
포근하고 따뜻한 저녁노을보다
더 긴 시간 볼 수 있는
송전탑의 조명은
자동차 경적 소리와 엔진 소리보다
거친 사람들의 말다툼 소리보다
신호등 불빛보다 더 강렬하게 다가왔다

매일 정해진 시간에 정확하게 밝혀지는
붉은빛을 보며 동네 사람들은
길 건너 산속의 일로 무심한 사람과
늦은 밤 분위기가 음침하다며 관심을 끊는
그런 사람으로 나뉘었다

산을 넘어가는 노을과
산을 지키는 송전탑 붉은 조명이

깊은 허무를 가슴에 안고 있다

입원병실에서

5인 병실을 혼자 쓰다 보면
조용해서 좋은 것보다
괜히 한마디 말을 건네고 싶은
생각이 든다
사람 냄새 묻은 침대는 비고
티브이 소리만 가득한 곳에서
고통과 신음으로 보내는 시간
입맛 없어 물리는 식사도
때 되면 공간을 채우고
주삿바늘 따라 떠오르는 것은
이만저만하고 그러저러한
허술한 대화 나누던
그 사람이다

진통제 주사로 잠드는 시간
세상을 잊고 그리움도 잊고
살아 있음도 잊는 시간
병실의 밤은 차갑게 어두워가고
밤 같은 낮이 되어도
그것이 그것인

링거 폴대에 걸린 생명수

세상은 겨우
환자용 침대 다섯 개와
링거 폴대 다섯 개
보호자용 낮은 의자와
사물함과 작은 냉장고
화장실 하나가
너무 반짝여 그리운 내 집

총총한 밤이다

섬의 바깥

태풍의 눈이 왜 맑은지
바람은 왜 우는지
가슴 아프진 않았는지
돌아서진 않았는지

들멍날멍
남겨놓은 체취는 기억하는지
흔들리고 넘어질 때
일어서는 손바닥 느낌
너무 굳지는 않았는지

어제 방문한 그
총총 눈물 흘리며
외로움이 뭔지 물어오던
사랑이 뭔지 물어오던
달과 별의 뭉기적거림
다 알지
끄덕였지
안아줬지
같이 울었지

삼귀리에서

경상북도 영천시 자양면 삼귀리

영천댐을 가로지르는 삼귀교를 건너면
구름과 달과 별이 물장구치는
그것을 볼 수 있다
산 넘고 물 건너 오십 리 밖 시가지
오가며 던져주는 빨간 사과 몇 개
상자째 주면 오지게 다녀올까

털털거리는 경운기 한 대
짐칸에서 흔들리는 중년 여인과
운전대 잡은 장년의 밀짚모자가
삼귀리의 적막을 즐기고 있다

오가는 사람 없어 오롯한,
눈앞의 사람이 전부인
그래서 사랑할 수밖에 없는
삼귀리

어느 날 새벽에

탁자 위 자명종 소리 멈춘다
새벽을 맞아 세상이 조용해지고
얇고 깊은 호흡 골라
미련이 남아 남길 것이 있는지
흐린 시선 짚으며
한 바퀴 돌아보면서
함께 해줘서 고맙다
기대고 더듬고 쓰다듬으며
거기였구나
아직 있구나 거기
기억으로 만지며
느낌으로 지나던 곳
잘 있으라 한다
만만치 않은 세월 보내며
무엇을 바라보고 버티며 살았는지
남기지 않는다 별 것 아닌데
별다름 없이 지워질 수 있는
어느 날 새벽 가장 편안할 때
있는 것도 없고 남는 것도 없이
조용히 가고 있다

아껴주고 도와주고 함께 해 줘
고맙다고 한다
무너지고 넘어지고 쓰러질 때마다
조금씩 시들어가고
이곳저곳 돌아보고 싶은 곳 늘어나지만
바람이 되어 다니리라
풀잎이 되어 보리라
빗방울 되어 스미리라
어느 날 새벽 그렇게 다니리라
낮은 잠꼬대하고 있다

감곡 이야기

성당 첨탑 위로 달빛이 고운 날
호프집에 모인 사람들은
집안 이야기를 나누며
술을 마셨다
예전과 똑같은 달은
구부러진 처마를 따라
충청북도 음성군 감곡면에서
자박자박 걸어오고
정종 한 잔 마시고 편안하게
주무시듯 가셨다는
막내 아버지 그리고 고모 아들이 생각나
말끝이 흐려지는 사람들
높아지는 강바람처럼
맥주잔 기울이며 쌀쌀하게
깊은 가을 짚어가고 있다

* 감곡 : 충청북도 음성군 감곡면, 다리 하나를 건너면 경기도 이천시 장호원 읍과 연결된다.

보고 싶어 미치고 있네

길을 가다가
버스를 기다리다가
티브이를 보다가
커피를 마시다가
사진을 보다가
음악을 듣다가
밥을 먹다가
라디오를 듣다가
하늘을 보다가
바람을 쐬다가
나무를 보다가
운전을 하다가
태풍을 지나다가
폭우를 만나다가
벼락을 보다가
천둥을 듣다가
밝은 신작로를 보다가

어머니 생각

갈비찜이 먹고 싶다는 어머니를 위해
대짜로 예약해놓고 한참 뒤 찾으러 갑니다
최근 들어 잡숫고 싶은 게 많아진다며 갈빗살을 뜯으며
한 말씀 하시는데 많이 잡수시라는 말밖에 하지 못했
습니다
어린 나이에 시집와서 고생만 하셨습니다
힘들고 어려웠던 60년대는 모두 그랬지만
먹어보지 못했던 것의 맛은 늘 호기심으로 남았습니다
살면서 먹어볼 만도 한데 그러지 못했습니다
얼마 전부터 치킨을 먹고 싶다고 하셔서
가장 좋은 것으로 사다가 드렸습니다
맛있다, 하시며 잘 드셨습니다
말씀만 하셔 사다 드릴게
가끔 모시고 나와 여기저기 다니며 구경도 하고
맛있다는 음식을 드시게 해드렸습니다
이런 건 얼마여, 물으시면 '얼마 안 돼요'라며
걱정하지 않도록 웃고 그랬습니다
한번은 피자를 잡숴보시라고 드렸는데
이게 뭐여 엄청 맛있네 다음에 또 먹자, 는 말씀이
반갑고 즐겁고 행복했습니다

마냥 건강하고 자주 웃으시며 곁에 계시기를 바랬습니다
예전에는 엄두를 내지 않으신 것들

삼만천오백삼십 원

어머니의 낡은 가죽 손지갑
삼만천오백삼십 원
별이 되어 쓰실지
구름이 되어 쓰실지

갈비찜값은 되지 않고
탕수육 정도 맛볼 수 있고,
눈에 넣어도 아프지 않은
어린 손주 조금 주면
겨우 집에 갈 수 있는 돈

누구와 함께하고 싶으셨실까
저 돈
무엇을 사고 싶으셨을까
저 돈
맛있는 거 사 먹자는 말보다
그마저 쓰고 나면
기댈 곳이나 있으실까

천곡길 199

시도 때도 없이 질러대는
자동차 도난방지센서의
고함 소리는 마을의 중심이 된다

뙤약볕에 달구었거나
태풍의 모서리에 긁혔거나
공연히 짜증 나면 질러대는
기약 없는 외침이다

시도 때도 없이 질러대는
센서의 굉음에도 마을은 조용하다
의미 없는 오후가 뜨거워진다

밤길애(愛) 들다

별빛 머금고 있는
바위 옆을 돌아
나뭇잎이 속삭이는 빛을 따라
밤길에 든다
달빛을 받은 어둠이
반짝이며 이야기하는 소리
너는 누구지? 라고 묻는
숲의 수많은 소리가
옷깃을 스친다

밤길에 빛나는 것들과
나누는 입맞춤

낮달의 하루

각박하고 궁핍한 세상을 살고 있다
사방 돌아다니며 그저 묵묵히
그림자만 남기고 있다
그저 흔들리며
낮게 들려오는 고향의 노래와
절절한 사연이 나오는
라디오 방송이 먹먹해
빗방울에 기대고 있다
종일 말 한마디 나눌 수 없는
바람이라도 불면 좋겠다는
뜬금없는 낮달이 있다

바람이 가는 길

바람이 가고

나도 간다

당신은 꽃입니다

당신이 있는 자리에서
별을 보고 싶습니다
맑은 물소리 지나면
달이 넘어가는 계곡에서
손가락으로 셀 수 있는
반짝이는 별이
당신의 눈 속에서
빛나면 좋겠습니다
소쩍새 우는 저녁
별빛 앉은 손을 잡고
새하얀 길 걷고 싶습니다

4부

바다도 슬피운다

가로등

저 가로등 심상찮다
낮달을 한참 괴롭히더니
바람을 밝히고 있다

저 가로등 시간을 묻는 낙엽에게
나비 부채 하나 건네고 있다

가로등 옆 얇은 가디건에게
가을이 다가서며
겨울은 아직 멀다고 한다

땅거미 살금살금 바쁜 오후
빗방울이 살짝 다녀갔다

가로등 술 한 잔 마셨다

탱자 열매 노란 저녁이
가로등 쓰다듬고 있다

그냥 사랑하자

전혀 두드러지지 않는
평범함을 생각하면
사는 게 뭔지
무슨 재미로 사는지
어떻게 사는 게 진짜 재밌는 삶인지
곱씹어 생각하고 고민하지만
그저 모를 뿐 그냥 사는 것일 뿐
그마저 불구이거나 질병이 있거나
다쳐서 병원에 있다면
건강한 육신을 가지고 있다는
그 하나로 존재의 의미를
가질 수 있다는 말들에
딴지 걸며 지탄하며 어떤 상태이든
나만 좋다면 그만이라는 생각
버리지 않는다
그냥 사랑하자

상수리나무의 꿈

하얀 어둠이 바스락거렸다
다가오는 듯 떠나가는 듯
일정하지 않은 시간이 물러섰다
공중부양하는 낙엽에게서
검은 향기가 났다

플라타너스 갈라진 틈
벌레와 기생충이 갉아먹는 실핏줄에서
녹색 피를 흘리며 사랑이라는 단어보다
짓무른 상처 물이 되어 흐른다

전신마취된 우주에서
목매달아 숨이 끊기는 순간의
희열과 편안함을 생각한다

생존보다 죽음을 꿈꾼다

바다도 슬피운다

바다가 끙끙거리며 신음소리를 냈다
평소 밖으로 내던 소리가 아니다
호흡이 어려운 듯 숨이 가쁘다
물결조차 잔잔하다
뭍을 향해 힘차게 달려들던
그 모습이 아니다
밖의 온도는 높고 습도 역시 높다
숲속 나무들과 흙에서 올라오는 것보다
하늘에서 내려오는 보이지 않는 눅눅함이
가슴을 짓눌렀다
밀폐된 공간에서 느끼는 숨 막히는 그것
갑갑하고 축축한 것이
목을 조르고 있다
입에서 하얀 거품이 쏟아졌다
눈 붉게 충혈되어 있다
안개에 덮인 바다가 큰 소리로 운다

반구대 아리랑

어이, 하고 부르면 돌아볼 것 같아
덜컥 울리는 메아리 껴안고
목청껏 부르고 있어 그 이름
잊으라는 말처럼
그 발걸음 가벼운지

잊지 못하네
물 건너면 잊을까 웃음소리
산 넘으면 잊을까 그 손길
황톳길 반구대 끌어안은 사람아
어디서 다시 볼까

가슴 적시는 반구대

봄에게

떠난다는 말 하지 말았으면 좋겠어
간다는 말도 하지 않았으면 좋겠어
마지막이라는 말 잘 있으라는 말
하지 않았으면 좋겠어

이름 한 번 불러주지 못했는데
가슴 깊이 안아주지 못했는데
좋아한다 말해주지 못했는데
가지 않았으면 좋겠어

보고만 있어서 가만히 있어서
표현하지 않아서 마음에만 있어서
너무 좋아해서 너무 사랑해서

오카리나 연주를 들으며
- 친구 김천에게

소리에 색이 있다면 나는
노란색을 보겠다
심드렁하고 무료한 때에
무채색의 한 터럭을 잡고
나풀대는 나비처럼,
촛불처럼
흔들리는 그림자를 볼 것이다

소리에 마음이 있다면 나는
보랏빛 마음을 갖겠다
아픔과 슬픔과 외로움
하, 말하지 못하는 순간까지, 그것까지
보랏빛 속에 숨어 가만가만
드러나는 타래를 즐길 것이다

소리에 감정이 있다면 나는
두근거림을 찾을 것이다
마주 보고 두근거리는
스쳐 가며 두근거리는, 그런 거라면
생각만으로 두근거리는

저녁노을의 꽉 찬 하늘을 보는 것이다

소리에 그리움이 있다면 나는
머릿속을 깨치는 너를 보겠다
흙에서 솟아나는, 바람에서 나타나는
나무속을 흐르는 수피 향을 맡다가
멀리서도 알아채는 너의 향기를
머뭇머뭇 따라가다가
발밑에 서성이는 노래를 볼 것이다

오늘은 그런 날

흐릿하게 발자국 지워지는 날
흥건하게 옷깃 젖는 날
바짓자락 붙잡고 늘어지는 하소연조차
끌어안고 싶은 날
튀어 오르는 빗방울에 들러붙고 싶은 날
회색 구름이 위로가 되는 날
가늘다가 굵다가 퍼붓다가 잠시 멈추는
줏대 없는 빗줄기가 반가운 날
소리 없어도 마음소리 큰 날
그런 날이다 오늘은

이것은 시가 아닙니다

이건 詩가 아냐, 라고 생각되는 꼬깃꼬깃한
종이 뭉치를 던진다
농구를 하듯이 거리가 얼마쯤 되는지
원의 크기는 얼마나 되는지
대략 정리하고 예행연습 없이
쉭 던지는 공
공을 던지는 손은 거칠다
종이로 된 것이나 고무로 만들어진 것이나
가죽으로 만들어진 공의 표면이 모두
나름의 거침을 가지고 있다
부드러운 손에 전해지는 거침의
한계는 없다 손가락 끝 지문이 닳고
손톱이 벌어져 붉은 피가 나도록
수백 수천 번의 만짐과 던짐의 사이
손의 근육과 피부는 조용히
상처를 입는다
골망이든 골대든 네트든 글러브든
공을 상대하는 것들은 고통을 안고 있다
긴 시간 던지고 받아도 채워지지 않는
사랑하는 것도 그렇다

저 사람 눈물이 되어 가고 있다

무단히 눈물을 흘리는 사람이 있습니다
다시 태어난다면 그 사람과
사랑할 수 있는지 그걸 묻는데
생각할수록 눈물이 난다고 합니다

살면서 모르게 흘린 눈물
'가슴이 아파서 어쩔 수가 없었습니다'
'너무 외롭고 쓸쓸했습니다'
그런 이야기만 들어도 울컥 가슴이 메이고
눈물이 난다는 사람이 있습니다

그렇게 많은 게 쌓이고
그토록 많은 게 녹아서
소리도 나오지 않는 눈물을 흘립니다

사는 것이 다 그런 거라고 하지만
그래도 꾸역꾸역 나오는 눈물은 어쩔 수 없습니다
눈물을 흘리고 나면 조금 진정이 돼서
섭섭하지도 않고 후련하지도 않지만
그렇게 눈물과 함께 사는 것이 삶인지 모릅니다

저 사람, 지금 눈물이 되어 가고 있습니다

하루살이

내가 먹은 것은 저 모래가 아니지
네가 먹은 것도 저 바위가 아니지
모래를 먹은 꽃게이거나
바위를 먹은 나물이거나
꽃게를 먹고 나물을 먹은
짐승이거나 짐승이 먹다 남긴
썩은 고기인지도 몰라
양어장 잉어보다 계곡의 버들치
그 삶이 더 치열한 것처럼
우리 산천어가 되어
산 능선을 타고 정상에 오르길
그걸 바라면 어떨까
해가 뒷짐을 지고 산모퉁이를 지나
나뭇잎에서 수직으로 하강하는
저녁 일곱 시, 배내골 계곡에서
지구로 스며드는 작은 생명체들
물살에 떠밀려가다가 바위에 부딪히고
행여 생을 마치는,
아! 놀라워라
땅으로 물속으로 곤두박질치는

짧은 삶의 여정이여
누가 그렇게 치열했을까
하루살이 삶이 지는 저녁
비처럼 쏟아지는 죽음을 본다

지금

열두 시와 한 시 사이
자정과 새벽의 경계에서
치열했던 것과
무너지는 갈래를 본다

높은 곳을 향하던 어제와
틈으로 잠입하던 오늘
그리움을 찾는
너에게 간다

한때 마음을 헤집으며 넘나들던
가벼움과 헛헛함이 지나고
가슴에서 머리에서 내려놓는
담담한 저녁이 간다

햇볕 옆에서

슬금슬금 벗어나는
햇볕의 발자국 속에서
기록할 수 없는 뜨거움을 느낀다
밝다는 것은 뜨겁다는 것이다
그렇게 뜨거워야 했다
따스한 가을 햇살로도 남기고
시커멓게 타올랐을 살갗이
어둠 안에서 치열하게 분열하고 있다

빛도 꺾일 수 있다는 것
태양도 눈물 흘린다는 것은
수천도 높이의 외로움과
까맣게 타오른 그리움이 녹아 산화되어
칼끝처럼 꽂히며 살아간다는 것의 의미
그렇게 태양도 깊은 슬픔으로
산화하고 있다

겨울 파전

뜨끈한 부뚜막에 앉아
하얀 김 솟아오르는
어제의 흔적마저 사라져
식은 몸 쓰다듬어
그때가 좋았다는
추억 하나 떠올릴까
막걸리 술맛으로 남을까
살얼음처럼 갈라진 손
주머니에 감추고
고소한 기름 냄새 코끝으로 넘겨
한 젓가락 파전으로 해가 저무는
무진장 찡한 날

5부

새의 발걸음에서 배우다

호계장 개소리

한낮인데 날씨는 영하를 나타낸다
선거 유세차량
목소리가 높다
호계장 건너편은 어떤 선거든
연설 명당이라고 소문나
이번에도 연설을 한다
확성기 큰 소리가 바람에 섞여
무슨 말인지 알아듣지 못한다
연설하는 사람 입술이 얼었다
시장 나온 사람들 무관심하게 지나가고
조그만 강아지 한 마리
마주 서서 왈왈왈왈 한참을 짖는디
호계장 주변 동물계에도 선거가 있나 보다
저 강아지 제법 목소리가 높다
선거유세 차에서 연설하는 사람
강아지를 보고 있다

호계장 · 17

겨울비 추적거리는 날
수십 년 된 조립식 건물
처마에서 떨어져 튀어 나가는
물방울 본다
그 녀석
버스 정거장 옆에 전을 펼치는
할매 등에서 통통 뛰어다닌다
파란색 마을버스와
노란색 시내버스 경적 높아지고
장난처럼 떨어지는 빗방울
해 빠진 길에서
호계장 들여다보고 있다
장터 건너편 십자가에도 비는 내리고
청십자병원 들어서는 사람들
차갑게 언 손 빠르게 비비면서
미세먼지 농도 높다는
빨간 전광판 무심히 바라본다

호계장 대목날

지난 장부터 대목으로 흥청했다
추석을 며칠 앞둔 장터는
장사치들의 밝은 목소리로 힘이났고
물건을 사면 기분이라며 한두 개 더 주기도 했다
하늘도 무심하지 않아 맑고 푸르렀다
명절이 3일 남은 대목 중의 대목 중추절
한가위 대목장이다
새벽부터 천막을 치고 국밥 솥을 끓이고
제삿거리와 과일, 떡, 두부가 놓여지고
고소한 참기름 향기가 시장을 덮었다
햅쌀을 찾는 사람도 늘어났고
동네 농사꾼은 이것저것 푸성귀를 챙겨 장터를 채웠다
그저께부터 비온다고 떠들어댄 일기예보는
무시하는 게 당연했다
그래도 행여 불여튼튼이라고 큰 비닐을 덮지만
꼭두새벽부터 내리는 빗방울이 심상찮다
오전 내 퍼붓는 본새가 오후까지 이어졌다
지나가는 마을버스 흔들거리고
우산 쓰고 찾아오는 아줌마 발길이 가볍다
진열한 농산물 빗물에 반짝이고

내색은 않지만 장사치의 가슴이 무지하게 뛰었다

조막만 한 애완견 호기심도 커졌다

말 있는 집

조용하다 싶다가
우당탕한다
와하하하
오홍홍홍
키힝
웃음소리 있다가
울음소리 있다가
시끌시끌하다
앙앙대는 소리
조분조분
타락타락
키득키득
키들키들
말하다가
웃다가
우는
그런 집 있다

향기

느닷없이
신경세포 곤두세우는
향긋한
파란색인지
하늘색인지
어디서 날아온 듯한
언젠가 스쳐 간 듯한
상큼하고
그윽한
달빛 속 은은한
그 향기

줄긋기

눈에 보이는 것들에
줄을 긋기 시작한 수십 년
밑줄 친 길이는 얼마인지

책에 그은 줄은 돌아서면 지워졌고
공식에 그은 줄은 순식간 무너졌다
무언지
중요하고 의미가 있을 법한,
사랑이라는 것으로 그어졌을
그 줄이 삭고 지워져
다시 줄이 될 때
헛구역질 나는 겨울밤을 지샌다

찬바람 옆구리에 끼고
각진 골목으로 들어서는 줄은
술에 취해 비틀거리고 있다

주차선 벗어난 줄 하나
왕복하는 편도선을 안고
역주행하고 있다

그런 줄 아직도 긋고 있다

슬픔의 날을 위하여

2012년 6월 28일 유엔에서
매년 3월 20일을 행복의 날로
제정했다
모두 행복하라고
193개국 만장일치였다

에콰도르 내전과
미얀마 스리랑카 이라크 예맨 시리아
러시아 우크라이나가 전쟁을 치르고
만물의 영장들이 이빨을 내밀어
죽이고 죽이는
서바이벌 살육이 끊임없다
누군가의 돈과 행복을 위해
정글의 맹수는 살을 뜯었다

행복의 날에 날아가는 크루즈미사일과
장사포와 탱크 포탄을 쏘아대고
M16과 AK소총 총알에
채식 동물 상처 입고 목숨 잃는 날

지진으로 건물이 무너지고
폭설과 폭우 이상기후로
살아있던 일가족이 죽어가는 날

오오! 행복의 날이여
당당한 너의 날이 기념되는 날
어디
즐겁게 한번 슬퍼 보자

버린다는 것

출근길 한참을 걷는데,
주변 정리를 어떻게 할까? 라는
물음이 생겼다, 를 생각한다

세상을 살면서 모으고 쌓으며
자랑하던 것들
질투와 경쟁과 욕심이 가득한 것들
이런저런 잡동사니와 살림살이
자주 쓰는 물건이 아닌데
놓지 않았던 것들이다
살자면 여지없는 것들이다
눈물겹게 모았던 것들
정말 아까운 것들이다

연필을 버릴까, 책을 버릴까 하는
느낌이 지나간다, 고 생각한다, 고
어지럽게 생각하는
그게 뭘까

불매야

꽹과리에서 불매 소리가 튀어나온다

따르르르 치는 장단에 얼싸 춤추는
불꽃 속 선소리 후렴이 따르고
휘휘 젓는 소리 자락 산허리를 돈다

밭고랑 넘어가는 바람이고
논두렁 쌓여가는 물결이다

땅 땅 땅 땅 대울메 내려치면
구르는 듯 받아치는 소울메

붉게 익은 판장쇠 넓게 펴
호미 만들어 땅 일구고
낫 만들어 벼 베어
입성 달라지고 서까래 고쳐
한세상 달게 살자
어 어허 불매야 어야여로 불매야

새의 발걸음에서 배우다

앞으로 가기 위해
뒤로 걸어야 한다
뒤를 기억하며 걸어야 한다
앞으로 가던 기억을 접고
뒷걸음으로 가는 아찔함
새는 뒷걸음으로 앞을 간다
지나온 날개 퍼득이면서 간다

이분법

작업실 바닥
먹물
흩어졌다

방향 없이 퍼진
아바타* 같다

원생동물
미세하게 스며든다
가운데 핵이 있다
움직인다
번식한다
이분법이다

* 아바타 : 고대 인도아리아어인 산스크리트로 '하강'이라는 뜻의 아바타라 (Avatara)는 힌두교에서 세상의 특정한 죄악을 물리치기 위해 신이 인간 이나 동물의 형상으로 나타나는 것을 말한다.

오전 열 시

시간은 오전 열 시부터 파랗다
가을의 초입에 선 바람이 산산하다
찻물을 우리면서 다녀볼 길을 생각한다
무늬억새와 방동사니 가득하고
조금씩 바래기 시작하는 나뭇잎
축 처진 은행나무의 힘겨움을 볼지
햇살은 땃땃하고 바람은 산산할지
연꽃은 입 다물고 해바라기는 한창일지
만석골저수지 터줏대감 자라는 생생하고
코스모스 산들거릴지
참나무 도토리나무 잎이 하나씩 떨어지고
사과는 발간색을 자랑할지
그렇게 생각을 한다
그런 것을 보며 한때를 보내는 것이
오롯한 인생이라고 생각한다
나는 아직 생판 모르는 거기를 가고 있다
그게 인생이다

돋보기 속 세상은 새롭다

또렷하고 맑은 이슬이 맺히면
이슬이 생겨난 것에 한참 들여다보고
이슬 속의 세상은 참 깨끗하겠다며
시간 갬 없이 앉아있던 때가 있었다
농협 창구에서 세대별로 구분한
돋보기 함을 보면서도 무심했었다
이웃 소나무들이 돋보기의 고마움을
말하고 있을 때 그러려니 했었다

한쪽 눈을 실명하고, 남은 쪽은
시력이 낮아 높낮이 구분이 어렵고
신문이나 책, 인터넷 글자를 읽지 못하고
글쓰기조차 쉽지 않은 적 있다
다초점렌즈 안경 위에 돋보기를 덧대고
어렵게 근근이 몇 자 읽고
알아보는 지금, 더 좋은 돋보기
어디 없는지 찾는 모습이 있다
돋보기 안 동그란 터전 속
그 세상이 새삼스럽다
상수리나무의 세상이 변하고 있다

아들아

겨울이 깊게 언 철근처럼 쨍하다
단단한 따가움 스민다
하고 싶은 것 많고 궁금한 것도
철철 넘쳐 덤벙대던,
살다 보면 무더위에 쩔쩔매고
강추위에 움츠리면서
폭우에 멈칫대기도 하지만
그게 다 사는 것의
조연이라고 받아들여라
그렇게 힘든 일이 생기면
몇 발짝 떨어져 생각하고
급하게 서둘지 않는 것이 좋다

옳고 그름에 반듯한 것이 좋구나

자주 하늘을 보고
달의 변화가 어떤지 살피고
별이 얼마나 좋은지 보아라
혼자서 빛나는 별은 없다
옆에 있는 사람과

함께 어울리는 사람과
사랑하는 사람과
마주 보고 웃으며 살기를
이해하며 배려하며
용서하며
손잡아주고 안아주며
넓은 사랑을 나누기 바란다
사랑한다

작품해설

사물의 쓸모없음을 쓸모있음으로 재해석한 무용론(無用論)적 시학

- 김 순 진(문학평론가 · 한국문인협회 이사)

작품해설

사물의 쓸모없음을 쓸모 있음으로 재해석한 무용론(無用論)적 시학

김 순 진

1. 들어가는 말

　문모근 시인이 또 한 권의 시집을 펴낸다. 이름하여 『배내골 편지』가 그 표제다. 그는 지금까지 여섯 권의 시집을 발표하였다. 그중에『호계장 사람들』과『배내골 편지』는 그가 살고 있는 울산 주변의 지형에 관한 제목이다. 그는 시리즈 형식의 시를 자주 쓰는데, '호계장'과 '배내골'이 그 예이다. 이 시집에서도 그는 '배내골'과 '호계장'에 관한 시를 여러 편 선보이고 있다. 그는 왜 '호계장'과 '배내골'에 특별한 관심을 보이는 것일까? 그것은 그의 관심사가 크게 두 가지로 나뉨을 암시한다. '호계장'이란 그가 살고 있는 울산시 북구에 위치한 시장으로 그가 식료품과 생활필수품을 사고 시장 사람들과 몸을 부비며 살아온 삶의 공간이고, '배내골'이란 경상남도 양산시 원동면 대리, 선리와 울산광역시 울주군 상북면 이천리 일대와 밀양시 단장면 고례리 일부를 통틀어 일컫는 지역의 이름으로 그가 꿈꾸는 이상의 공간이다. 말하자면 그는 현실과 이상의 두 가지 관심사에 관해 시리즈 형식으로 시를 써 왔던 것이다.

'나무위키'에 따르면 "배내골은 예로부터 계곡을 흐르는 단장천 주위에 야생 배나무가 많아 배나무 이(梨), 내 천(川) 자를 써서 이천동이라고 불렸고, 점차 순우리말로 대체되어 배내골이라는 지명을 가지게 되었다고 한다. 이천동이라는 명칭은 배내골 상류인 울주군 상북면 이천리에 남아 있다. 흔히 영남알프스라고 불리는 영축산, 신불산, 천황산, 가지산 등의 1000m대 산맥과 배내고개, 배태고개, 밀양호 등의 자연 경계로 둘러싸여 있어 인근 지역들과 떨어져 고립되어 있으며, 인근 도심인 양산시, 울산광역시, 부산광역시와 가까우면서도 지리적인 이유로 개발이 거의 되지 않아 깨끗한 자연을 즐기고자 하는 피서객들이 많이 찾는 곳이기도 하다."이라 하니 문모근 시인이 자연을 통해 영감을 얻고 몸과 마음을 치유하며 살아가는데 매우 적합한 장소가 배내골인 것이다.

1989년 〈들판시동인〉으로 『들판에 서서』란 시집을 발표하고, 1992년 월간 ≪시와 시인≫으로 등단해 문단으로 나와 문단 구력 35년에 빛나는 중견 문모근 시인은 그동안 천상병귀천문학상과 스토리문학대상, 울산문학상 등 굵직굵직한 상을 수상해오면서 그 작품성을 인정받았고, 이번에 출간되는 이 시집 『배내골 편지』는 울산 북구문학상 수상시집으로 울산문화관광재단의 지원을 받아 펴내는 것이니, 그의 작품성은 다시 한번 입증된 셈이다.

  그럼 이쯤에서 문모근 시인의 시 몇 수를 읽어보면서 그의 작품세계에 빠져보자.

2. 소통의 원천, 배내골

    개울물 소리 요란한 배내골에서
    자벌레 한 마리 몹시 바쁩니다
    몸을 움츠려 오메가 형상을 만든 뒤
    쭉 펴면, 자벌레의 키 그것이 되는데
    접었다 폈다를 몇 번
    연속으로 하다가 허리인지 머리인지
    힘을 주어 곧게 서서 흔들흔들
    주변을 살피고 장애물이 있는지
    돌아보기도 하면서 길을 정합니다
    대부분 직진을 결정하는데
    때론 조금씩 갈 길을
    바꾸기도 합니다
    그게 힘들고 어렵다고 생각되면
    나무에 올라 나뭇잎 끝까지 가서
    몸에서 뽑은 가느다란 줄에
    몸을 맡기고 공중그네를 탑니다
    조금만 바람이 불면 나무에서 나무로

옮겨 타기가 쉽습니다
그러다가 날아가는 새들에게
먹이가 되어주는 알파가 됩니다

- 「배내골 편지 · 17 - 자벌레」 전문

시 속에는 자벌레 한 마리가 길을 가고 있다. 자벌레라는 이름은 제 몸을 움츠려 동그랗게 오므려 하늘로 솟구쳤다 앞으로 나아가는 방식이라 마치 자로 땅이나 나무를 재는 것처럼 보이기 때문에 붙여진 이름이다. 이 시에서처럼 자벌레는 쉼 없이 제 몸을 '접었다 폈다' 해야만 앞으로 나아갈 수 있다. 자벌레는 환골탈피하여 성충이 되면 자나방으로 다시 태어나는데, 자나방의 애벌레가 자벌레인 셈이다. 문 시인이 시의 소재로 선택한 이유는 자벌레의 재[척(尺)]의 기능이다. 자벌레는 한 번에 제 몸만큼밖에 앞으로 나아가지 못한다. 그렇지만 자벌레는 목적지를 포기하지 않는다. 목적지란 꿈을 가진 사람이 재야 할 자의 해답이다. 자로 잴 수 있는 목적지와 나와의 거리, 즉 내가 올라가야 할 산의 높이가 아니다. 자벌레는 늘 위험에 노출되어 있지만, 여름이 다 가기 전에 빨리 나뭇잎을 배부르게 먹어 고치를 짓고 들어앉아야 한다는 목적이 있다. 그런데 자벌레가 재고 있는 것은 자신이 올라가야 할 나무의 높이가 아니다. 새들의 먹이 사냥으로부터의 안전이다. 가을이 오기 전에 집을 짓고 산란하는 것이다. 그런데 열심히 나무를 향해 올라갔지만, 그런 환경이 되지 않을 때 자벌레는 가차 없이 입에서 실을 뽑아 자신을 매달고 아래로 아래로 낙하한다. 몸 안에 내장된 치밀한 DNA 계산법으로 부화시키고 종족의 삶을 이어 가고 있는 것이다.

> 산 능선에 안개가 깊다
> 벙거지 모자 눌러쓴 여승
> 늘어진 배낭과 함께
> 산길을 간다
> 물기 풍성한 숲을 밟으며
> 바짓가랑이 물고 늘어지는
> 억척스런 풀에게 손 인사 나누고
> 나뭇잎 입김으로 젖는
> 촉촉한 아침 안개가 차지한 만디에
> 새들도 젖은 몸으로 떨고
> 상수리나무도 젖는다
> 하늘소 한 마리 나뭇등걸 껴안고 있다
> 젖어 사랑하고 있다
>
> - 「젖어 사랑하는 것들」 전문

요즘 젊은이들의 비속어 중에 '안습'이란 말이 있다. '안구에 습기가 찬다.'는 말로 슬픈 영화를 보거나 슬픈 이야기를 들을 때 쓰는 말이다. 날이 습하면 음식물이 부패하거나 팔다리가 쑤시고 어깨가 결리는 등 컨디션이 안 좋아지기 쉽다. 그러나 이 세상 만물은 젖어있기를 소망한다. 세상 모든 동물의 몸은 70%의 물로 되어 있다고 한다. 땅이 습하고 윤기가 날 때 그 땅 위에 존재하는 모든 만물은 새로운 생명을 얻는다. 나무와 벌레들과 새들과 짐승들의 삶의 터전이 되는 것이다. 먹이사슬이라는 말이 있다. 어떤 한 종이 부족할 때 자연은 깨진다. 그런 현상은 결국 모든 것을 공급하는 물의 부족 때문이다. 그러나 부족함과 넘침의 기준은 없다. 사막은 수분을 지극히 적당량만 적시고 살아야 사막을 유지할 수 있고, 바위 역시 매우 작은 물을 먹고 수억 년을 견디는 것이다. 만일 바위가 물을 먹지 않는 나날을 수백 년 이어갔다고 치자. 그 바위는 스스로 부서져 모래가 되고 말 것이다. 또 바닷가의 백사장은 수천 년 동안 모래를 누르고 눌러 수십 미터 아래에는 견고한 바위를 만들어가는 과정을 거듭하고 있을 것이다. 가을이나 봄에 생기는 자주 안개는 차가운 공기와 개울물이 만나 습기를 광범위하게 나르는 현상으로 숲에 있는 나무뿐만 아니라 고사리나 이끼류, 버섯류같이 습기가 필요한 식물과 지네나 굼벵이, 설치류 같은 작은 동물에 이르기까지 습기를 제공함으로써 숲이 역할을 다하게 만든다. 그리하여 문모근 시인은 배내골 숲을 걸어 절을 향해 올라가는 여승과 나무를 껴안고 있는 장수하늘소까지 '젖어 사랑하는 것들'의 범주 속에 넣음으로써 자연이 스스로 생산하고 생존하며 소멸하는 과정의 매개체를 '젖음' 즉 '습기'로 읽어낸다. 그리하여 가슴 따스함, 눈가가 촉촉해짐 같은 인간이 좋아하는 말 또한 '젖어 사랑하는 것들'의 자연스런 현상임을 강조하고 있는 것이다.

3. 밤낮없이 돌아가는 언어공장

시인은 관찰만 잘하는 사람이 아니라, 말의 어원을 살피고 그 말의 다의성과 어감, 회화적, 희화적 요소에 관심을 가지는 사람이다. 문모근 시인의 1차적 관심사가 삶, 즉 호계장과 이상, 즉 배내골에 있다면, 2차적 관심사는 말의 효용에 있다고 해도 과언이 아니다. 그래서 이번의 단원에서는 밤낮없이 돌아가는 그의 언어공장을 견학해보기로 하자.

> 태풍의 눈이 왜 맑은지
> 바람은 왜 우는지
> 가슴 아프진 않았는지
> 돌아서진 않았는지
>
> 들멍날멍
> 남겨놓은 체취는 기억하는지
> 흔들리고 넘어질 때
> 일어서는 손바닥 느낌
> 너무 굳지는 않았는지
>
> 어제 방문한 그
> 총총 눈물 흘리며

외로움이 뭔지 물어오던
사랑이 뭔지 물어오던
달과 별의 뭉기적거림
다 알지
끄덕였지
안아줬지
같이 울었지

- 「섬의 바깥」 전문

'바깥'의 반대어는 '안'이다. '안'이라는 말은 '평안'을 내포하고 '바깥'이란 말은 '위험'을 내포한다. '안'이라는 말은 '단절'을 내포하는 동시에 '바깥'이라는 말은 '도전'을 내포한다. '안'이라는 말이 '생산의 준비'를 나타낸다면 '바깥'이라는 말은 '성장의 과정'을 내포하기도 한다. 이 세상의 모든 것은 섬이라 할 수 있다. 결국 '나'라는 사람은 스스로 '섬'을 이루고 사는 셈이다. 아무리 부모가 낳아주고 배우자와 함께 살며 자녀가 있다고 할지라도 무인도에 내던져진 것과 같은 삶이 인간의 삶이다. 스스로 삶의 방식을 택해야 하고, 주거와 함께 행복을 추구해야 한다. 따라서 이 세상에 존재하는 모든 것들은 섬인데, 섬을 구성하는 것은 안이고, 섬을 둘러싸고 있는 요인은 바깥이다. 엊그제 아내가 아침에 침실에서 나오면서 "잠이 안 와서 한숨도 못 잤다."고 말했다. 나는 아내에게 "잠은 내게로 오는 게 아니라, 내가 잠으로 들어가는 것이야."라고 말했다. '잠'이란 참으로 희안하다. 어떨 때는 잠이 생전 안 오고, 어떨 때는 잠이 확 달아난다. 그러다가 득달같이 잠이 찾아와 업어가는 줄도 모르고 잠에 빠지기도 한다. 어떤 표현이 맞는 말일까? 모두 맞는 말이다. 피곤하면 잠이 잘 오고, 아무래도 육체적인 활동이 적고, 잠을 많이 잘 수 있는 환경에 놓인 사람은 불면증이 올 가능성이 높다. 잠이란 심리 상태를 포함한 취침 환경에 따라 쉽게 숙면을 취하느냐, 못 취하느냐가 있는 것이지 생전 안 오는 것도, 달아나서 영 안 오는 존재도 아니다. 그런 것처럼 잠을 취하려는 나는 섬이고, 잠을 둘러싼 환경은 바깥이다. 그렇듯 이 시에서 문모근 시인이 말하는 섬은 '나'이고, 어제 방문한 그는 '바깥'의 세계이다. '섬', 즉 아자(我者)를 둘러싼 바다와 바람과 파도, 해와 달과 별은 '바깥' 즉 타자(他者)이다. '사랑'이란 쌍방이 서로 타자이며 쌍방이 서로 섬의 관계를 성립하는 말이다. 받아들이는 사람이 섬 같지만, 일방적인 사랑은 없기 때문에 서로에게 상생(相生)의 관계를 이어준다. 그래서 서로의 마음을 "다 알"고 "끄덕"이며, 서로를 "안아"주면서 "같이 울" 때 섬에는 바람이 잦아들고 따사로운 햇볕이 비치게 되는 것이다. 지난 20년 동안 문모근 시인과 나는 지금까지 서로의 섬에 바깥이었으며, 서로의 섬에 바람이 잘 수 있도록 바람막이가 되어주었다. 앞으로도 이런 관계는 지속될 것이다.

그의 언어공장 생산라인 한 군데를 더 둘러보자.

>조용하다 싶다가
>우당탕한다
>와하하하
>오홍홍홍
>키힝
>웃음소리 있다가
>울음소리 있다가
>시끌시끌하다
>앙앙대는 소리
>조분조분
>타락타락
>키득키득
>키들키들
>말하다가
>웃다가
>우는
>그런 집 있다

-「말 있는 집」 전문

이 역시 말놀이 시, 즉 필자가 졸저 『즐기며 받아쓰는 시창작법』에서 주장하는 '묘사심상법'의 시다. 말을 탄 사람이 한 쌀가게 앞에 와서 다급히 물었다. "저, 말 좀 물읍시다. 말을 좀 사려고 하는데 어디로 가야 하오?" 말 가게 주인이 되물었다. "그게 말이오, 됫박이오,

여기 사람들 줄 서 있는 거 안 보이시오, 당신이 말이요. 순서가 되면 말하시오." 여기서 말 가게란 말[升, 升 - 됫박]을 파는 가게다. 그런데 주인은 말[馬]로 혼동할 수 있어 확실히 말[升]을 찾는 것이냐 되묻는다. 그러면서 묻는 사람의 순서가 꼴찌[末]이니, 순서를 기다려 말[言]을 하라는 것이다. 한국어에는 이런 동음이의어가 부지기수로 많다. 산문에 있어 묘사는 현장묘사나 심리묘사, 인물묘사 등으로 구분되지만, 시의 묘사는 말놀이 묘사다. 이를테면 "내가 그린 기린 그림은 암기린 그림이고, 네가 그린 기린 그림은 수기린 그림이다."라든지 "간장 공장 공장장은 강 공장장이고, 된장 공장 공장장은 장 공장장이다."와 같은 놀이이기도 하고, "소주만병만주소"와 같이 앞으로 읽으나 뒤로 읽으나 같은 말을 찾아내는 것도 시에서 시도되는 묘사심상법의 한 예이다. 일찍이 필자는 '숨은그림찾기'란 시를 썼는데 그 일부만 인용하자면 "쑥부쟁이매발톱엉경퀴미나리아재비구절초개망초할미밀빵고주망태꿩에다리 / 대구명태가물치오징어꽃게고등어소라해삼고래멍게문어말미잘아지도루묵 / 노루뿔개뿔쥐뿔고뿔소뿔코끼리뿔토끼뿔염소뿔양뿔고양이뿔엉덩이뿔"과 같은 실험을 하였는데, 첫 행은 산나물로 '고주망태'가 숨은그림이며, 두 번째 행은 모두 바다 생선 이름으로 '가물치'만 민물 생선이며, 세 번째 행은 모두 '뿔' 이야기인데 '고뿔'만 생선이 아니라 감기를 뜻하는 말이다. 이 시에서 문모근 시인은 말[馬]과 말[言]의 경계를 모호하게 설정함으로써 두 가지 의미가 모두 적용되도록 시를 전개해나간다. 정말 절묘하고도 무릎을 치게 하는 대목이다. 전개 부분의 "조용하다 싶다가 / 우당탕한다 / 와하하하 / 오홍홍홍 / 키힝"을 보면 말[馬]이 확실한 것 같지만, 인간들도 "조용하다 싶다가 / 우당탕한다 / 와하하하 / 오홍홍홍"할 수 있는데, 그 뒤에 나오는 '키힝'을 보면 인간의 말[言]이 아닌 것 같지만, 말[馬]의 언어라는 확실한 증거도 없어 모호한 측면이 있다. 그리하여 말의 집에도 인간의 집에도 모두 "웃음소리 있다가 / 울음소리 있다가 / 시끌시끌하다 / 앙앙대는 소리 / 조분조분 / 타락타락 / 키득키득 / 키들키들 / 말하다가 웃다가 우는 / 그런 집 있"으니 말[馬]의 말과 인간의 말은 적어도 웃음과 울음소리에 있어서는 공통된 부분이 많음을 문모근 시인은 발견해 내고 중의적인 표현을 도입하여 시적 실험을 하고 있는 것이다.

4. 사물의 마음을 읽다

하얀 어둠이 바스락거렸다
다가오는 듯 떠나가는 듯
일정하지 않은 시간이 물러섰다
공중부양하는 낙엽에게서
검은 향기가 났다

플라타너스 갈라진 틈
벌레와 기생충이 갉아먹는 실핏줄에서
녹색 피를 흘리며 사랑이라는 단어보다
짓무른 상처 물이 되어 흐른다

전신마취된 우주에서
목매달아 숨이 끊기는 순간의
희열과 편안함을 생각한다

생존보다 죽음을 꿈꾼다

- 「상수리나무의 꿈」 전문

 이 세상에 존재하는 모든 것들은 살아 있고 마음이 있다. 초등학교 자연 시간에 우리는 생물과 무생물에 대해 배웠다. 생명이 있는 것은 생물, 생명이 없는 것은 무생물이다. 그러나 시를 쓰고 이치를 깨닫다 보면 죽은 나무가 나를 떠받치고 잠잘 수 있는 침대가 되고, 접었다 폈다 변신할 수 있는 철제의자가 나의 엉덩이를 떠받쳐 오랫동안 책상에 앉아 업무를 보게 한다. 제 기능을 하고 있는 것은 사물로서의 생명이 있는 것이다. 또한 사물은 언제나 변신을 꾀할 수 있다. 나무 의자가 제 기능을 유지할 때는 의자로밖에 살 수 없지만, 부서져 해체될 때, 긴 나무는 고춧대로 쓰여 잠자리의 잠자리가 될 수 있고, 부지깽이가 되어 아궁이를 드나들며 군고구마를 살필 수 있다. 세숫대야에 물을 반쯤 채우고 조약돌 하나를 담그고 3시간 경과 후 뒤 꺼내 망치로 반을 깨뜨려보자. 우리는 그 실험을 통하여 물에 담갔던 조약돌이 반쯤 물을 먹고 반은 먹지 않았음을 알 수 있다. 그러나 그 말은 틀린 말이다. 바깥쪽의 반은 더욱 많은 수분을 함유하고 있고, 안쪽의 반은 평소와 같은 수분을 유지하고 있는데, 우리는 바깥쪽의 반은 물을 먹었고, 반은 물을 먹지 않았다고 말하는 것이다. 거기에는 또 한 가지의 모순이 있다. 지금까지 우리는 돌을 무생물에 분류하였는데, 세숫대야에 담근 조약돌은 반쯤 물을 먹은 상태임을 확인했다면, '물을 먹고 있는 과정에 있는 조약돌'을 확인할 수 있고, 물을 먹고 있다면 우리는 깊은 산속 옹달샘에 와서 물만 먹고 가는 토끼와 같이 물을 먹고 있는 조약돌도 생물이라 말해야 한다. 조약돌이 조약돌의 생명을 포기하면 부서지거나 물렁물렁해지는데, 만일 조약돌이 생명을 포기해서 지어 놓은 건물의 벽 속의 조약돌이 물렁물렁해진다면 그 건물은 무너지고 말 것이다. 우리는 기름진 땅이 살아 숨쉬고, 채소와 곡식과 과일을 길러낸다고 말한다. 그런데 그 땅속에 있는 조약돌을 무생물이라 말할 수 있는가? 이 세상에 존재하는 만물들은 생명이 있고, 생각이 있다. 바위는 기다림을 행해 달리고, 안경은 지식을 행해 달리며, 모래알은 단결을 향해 달리고, 쇠는 단단함을 행해 일념을 가지고 달린다. 바위는 가슴에 이끼와 틈에 소나무를 키우면서 또 다른 생명에게 생명을 준다.

상수리가 상수리나무에서 떨어질 때, 상수리 한 알은 마치 새의 새끼가 날개가 돋아나 처음으로 비상하는 것과 같다. 될 수 있으면 상수리는 엄마 나무의 그늘에서 멀리 벗어나려고 그 작은 몸을 이리저리 뒤틀며 굴러갈 것이다. 상수리는 엄마 나무보다 더 크고 더 많은 열매를 맺을 수 있다는 꿈을 꾸기 때문이다. 전봇대는 사람이 그곳에 세워놓았기 때문에 어쩔 수 없이 서 있는 것이 아니라, 사람들에게 전기를 공급하는 모체가 될 수 있다는 확신과 전화선을 제 몸에 걸어 소통을 공급하며, 자신이 참새나 비둘기, 제비들의 쉼터가 되어줄 수 있다는 생각 때문에 견딘다고 생각할 때 비로소 시는 가능해진다. 이 시에서 문모근 시인은 상수리나무의 꿈은 온통 푸른 세상임을 은유하고 있는 것이다.

> 각박하고 궁핍한 세상을 살고 있다
> 사방 돌아다니며 그저 묵묵히
> 그림자만 남기고 있다
> 그저 흔들리며
> 낮게 들려오는 고향의 노래와
> 절절한 사연이 나오는
> 라디오 방송이 먹먹해
> 빗방울에 기대고 있다
> 종일 말 한마디 나눌 수 없는
> 바람이라도 불면 좋겠다는
> 뜬금없는 낮달이 있다

– 「낮달의 하루」 전문

   달에 관한 이름은 참으로 많다. 한 달을 10일씩 셋으로 나눌 때 우리는 초순, 중순, 하순이라 한다. 여기서 유래된 이름이 초승달이다. 초승이란 초순에 떴다는 말이고 하현달이란 하순에 나타난 달이란 말이다. 초순에는 주로 서쪽 맑은 하늘에 달이 뜨기 때문에 초승달이라 부르고 상현달이라고도 부른다, 하현달은 하순에는 구름이 자주 끼는 동쪽에 나타났다 해서 붙여진 이름인데 다른 이름으로는 그믐달이라고도 부른다. 보름달에 관한 이름도 많다. 얼마 전 방송에서 10월 17일에 슈퍼문이 뜬다고 해서 일부로 옥상에 올라가 바라본 적이 있다. 이 현상은 달이 지구의 자전에 의해 가장 가까워지는 시기에 보이는 현상으로 다른 때에 비해 보름달이 매우 크게 보이는데 대략 1년 주기로 그렇게 된다고 한다. 블루문이란 말도 있다. 이는 양력을 기준으로 하여 한 달에 보름달이 두 번 뜨는 경우가 있는데 두 번째 뜬 달을 블루문이라 부른다. 나도 달에 관한 시를 여러 편 쓴 적이 있다.「낮달」,「초승달」,「달의 하루」 등인데 나는「낮달」이라는 시에서 '낮달'을 사랑하는 여자의 집을 배회하는 남자로 표현했다.「초승달」이란 시에서도 나는 '초승달'을 턱을 괴고 앉아 이성을 생각하는 소년으로 표현했다. 황석영 소설가는『개밥바라기별』이라는 장편소설을 펴냈는데, 이 소설에서 개밥바라기별은 초승달로써 주인이 출타하고 개가 집에서 혼자 집을 지키다 배가 고파질 때 바라보던 별이라는 뜻이니 정말 시인이 생각해도 참으로 기발한 발상이다. 낮달은 배회하고 있는 것일까, 아니면 사람 사는 것을 바라보고 있는 것일까? 낮달이 뜨는 이유는 무엇일까? 해는 늘 떠 있는데 지구가 돌면서 저녁이 되어 안 보이게 되는 것이다. 그처럼 달도 늘 떠 있는데 햇빛에 가려 안 보이게 되는데, 낮달이 뜨는 날은 햇빛이 지구의 대기를 과하면서 구름, 물방울 등에 비쳐 낮달이 보이게 되는 현상이다. 지구가 자전하는 것처럼 달도 공전하는데 햇빛을 얼마만큼 받느냐에 따라 초승달, 반달, 보름달, 반달, 그믐달의 순으로 변화하는 것처럼 보이는 현상이지 달은 늘 둥글다. 문모근 시인은 시의 말미에 "종일 말 한마디 나눌 수 없는 / 바람이라도 불면 좋겠다는 / 뜬금없는 낮달이 있다"며 자신을 '낮달'로 표현했는데 우리는 이 대목을 주목해야 한다. 달은 혼자 떠가는 것이 아니라 지구에 인력을 작용하여 파도를 만들고 하루 두 번씩 나가고 들어오는 밀물과 썰물을 만들며, 그런 현상을 통해서 달은 바닷물에 산소를 공급해 해산물이 살 수 있는 환경을 만들어낸다. 그러니 문모근 시인이 쓰고 있는 시 또한 자연이 살아갈 수 있는 환경을 만들어내는 일과 같다고 평가한다.

이상에서처럼 문모근 시인의 시 6수를 읽어보면서 그

의 문학세계를 여행해보았다. 문모근 시인은 사물의 마음을 읽어내는 현자였다. 어떤 사물을 사랑할 때 단순히 한 가지의 장점만을 사랑하는 사람이 아니라, 그것의 주변환경과 그 삶의 이면, 즉 아픔의 공간까지도 사랑하는 사람이었다. 이를테면 자연이 주는 나무와 나물과 신선한 공기와 물, 등 아름다운 선물의 효용론(效用論)보다는, 자연이 생성되는 아프고도 힘든 과정과 제 목숨을 다하여 소멸되는 과정까지도 사랑하여 스러져가는 사물의 가치를 인정하고 쓸모없음의 쓸모 있음으로 재해석하여 무용론(無用論)에 더욱 관심을 두는 사람이었다. 그리하여 그의 시적 관심사는 큰 것, 위대한 것, 웅장한 것, 아름다운 것보다는 작은 것, 하찮은 것, 병든 것, 소소한 것, 어둠에 든 것, 죽어가는 것에 관심을 두고 '나도 그렇게 될 수 있다'는 가정하에 매사에 의문점을 가지고, 왜 그렇게 되었는가에 궁휼한 눈의 잣대를 대고 있는 평가를 드린다.

  요즘 문모근 시인은 아파서 병원 치레를 자주 한다. 이 시집으로 울산북구문학상을 수상하고, 울산문화관광재단의 지원금을 수여받게 됨을 진심으로 축하드리며, 이 시집 출판이 건강 회복의 단추가 되길 친구로서 간절히 기도한다.

문모근 제6시집

배내골 편지

초판발행일 2024년 11월 22일

지은이 : 문모근
발행인 : 김순진
편집장 : 전하라
디자인 : 김초롱
펴낸곳 : 도서출판 문학공원
등 록 : 2004년 3월 9일 제6-706호
주 소 : (우편번호 03382) 서울 은평구 통일로 633
　　　　녹번오피스텔 501호 스토리문학사
전 화 : 02-2234-1666
팩 스 : 02-2236-1666
홈페이지 : https://blog.naver.com/ksj5562
이메일 : 4615562@hanmail.net

※ 비매품입니다.
※ 이 책은 울산광역시, 울산문화관광재단 '2024년 장애예술 활성화 지원사업'의 지원을 받아 발간되었습니다.